Impressum:

© by Andrea Steinert

Umschlaggestaltung: Andrea Steinert
Layout: Angelika Fleckenstein; spotsrock.de

Verlag tradition GmbH Hamburg

ISBN: 978-3-7345-1043-4 (Paperback)
          978-3-7345-1044-1 (Hardcover)

Printed in Germany

Bibliografische Informationen der Deutschen Nationalbibliothek: Die Deutsche Nationalbibliothek verzeichnet diese Publikation in der Deutschen Nationalbibliografie; detaillierte bibliografische Daten sind im Internet über http://dnb.b.-nb-de abrufbar.

Andrea Steinert

Die Zukunft wartet schon

Karrieretipps für Frauen

Inhalt

Einleitung

Wie kann ich meine beruflichen und finanziellen Ziele erreichen? Wie bekomme ich Partnerschaft und Familie, Kinder und Beruf unter einen Hut? Wie finde ich den passenden Job? Wie schaffe ich nach Auszeiten den Wiedereinstieg und wie halte ich mit den ständig wechselnden Neuerungen in der Büroorganisation Schritt? Wie kann ich meine Zeit so einteilen, dass neben meinem Beruf auch Platz für meine Familie bleibt und wie kann ich auch meinen eigenen Interessen nachgehen? Wie kann ich mit männlichen Kollegen Schritt halten, die Ihre Karrieren ohne Unterbrechung fortführen, wie kann ich meine Karriere besser aufstellen und finanziell vernünftig organisieren?

Während meiner Laufbahn bin ich immer wieder an Grenzen gestoßen und habe weder in Literatur noch im Kollegenkreis Antworten auf meine Fragen gefunden. Die Lebenslinien von Frauen sind sehr unterschiedlich und dennoch kämpfen wir häufig mit den gleichen Problemen. Für mich steht fest: wir können alles haben, nur nicht alles auf einmal!

In unseren heutigen Generationen ist die Ausbildung von Frauen deutlich besser als in Generation vorher. Dennoch stelle ich fest, dass viele Frauen nicht die Karrieren machen, die sie verdient hätten oder anstreben. Nach Auszeiten schaffen es zu wenige wieder in ihre alte Position und das Lohngefälle zwischen Männern und Frauen ist immens. Hierfür gibt es verschiedenen Erklärungen: uns hat man schlichtweg nicht gesagt, wie wir Karrieren machen!

Ich blicke da sehr gerne auf die Entwicklung in den vergangenen Jahrtausenden zurück. Warum sind Männer so viel größer als Frauen? Weil sie von jeher das größere Stück Fleisch auf den Teller gelegt bekamen und als Ernährer der Familie Vormachtstellung hatten. Zu den Zeiten von Jägern und Sammlern wären ganze Familienstämme bei Verlust eben dieses Ernährers und Beschützers dem Tode geweiht gewesen. Doch heute, in Zeiten in denen wir an jeder Ecke einen Supermarkt finden, sollten uns diese Existenzängste nicht mehr umtreiben.

Die Stellung der Frau war klar definiert. Sie blieb zu Hause, kümmerte sich um Aufzucht der Kinder und sorgte sich auch um alte Familienmitglieder. Dies hat sich bis heute gehalten. So haben wir zwar deutlich mehr Möglichkeiten, klassische Pflichten bleiben jedoch Aufgabenbereich der Frau: Kindererziehung, Betreuung der älteren Generation usw. Ich will hier gar nicht ins Detail gehen, aber haben Sie sich schon einmal bewusst gemacht, wie viel Zeit Sie benötigen, um frauentypische Aufgaben zu erledigen? Die soziale Kontaktpflege, das Aussprechen von Einladungen. Schon das Besorgen von Geburtstags- und Weihnachtsgeschenken sowie das Verpacken und Kartenschreiben. In dieser Zeit kümmern sie sich nicht um ihren nächsten Karriereschritt oder die nächste Gehaltsverhandlung! Wir wollen das nicht alles ändern, aber wenn Sie sich darüber bewusst werden, können Sie Ihr Augenmerk von Zeit zu Zeit auf Ihren eigenen Weg lenken.

Das Buch ist in drei Teile gegliedert: Im ersten Teil finden sie Tipps und Gedanken zu beruflichem Weiterkommen, im Zweiten finanzielle Hinweise und Tipps und im Dritten Hinweise zu der Vereinbarkeit von Job und Beruf. Diese Unterteilung bezieht sich auf die eingangs erwähnte Tatsache, dass die Lebenslinien von Frauen verschieden sind. Dieses Buch müssen Sie daher nicht von vorne bis hinten durchlesen, sondern Sie suchen sich die Hinweise raus, die Sie in Ihrem derzeitigen Lebensabschnitt benötigen.

Nun viel Spaß beim Lesen!

Teil I

Jobsuche

Sie haben eine Ausbildung oder ein Studium abgeschlossen und möchten nach Ihrer Familienzeit wieder zurück in den Job? Suchen Sie in Onlineportalen und nutzen Sie vor allem alle Kontakte, über die Sie verfügen. Wen kennen Sie aus der Schulzeit, der jetzt in einer Firma arbeitet, die Sie interessiert? Welche Kontakte haben Sie auf Facebook, Twitter oder LinkedIn, die Ihnen jetzt hilfreich sein könnten? Wenn ein Freund oder Bekannter in einer Firma arbeitet, bei der Sie sich gerne bewerben möchten, bitten Sie ihn, Ihre Bewerbung weiterzureichen. Damit vermeiden Sie, dass Ihre Bewerbung unter vielen hundert anderen untergeht. Rufen Sie an, denn hinter allen Stellenausschreibungen und Inseraten verbergen sich Menschen. Stellen Sie sich kurz und prägnant vor. Verdeutlichen Sie, warum gerade Sie für diese Stelle geeignet sind und senden Sie danach Ihre Bewerbungsunterlagen zu diesem Gesprächspartner.

Damit habe ich gute Erfahrungen gemacht. Auf LinkedIn habe ich eine Person gefunden, die die politische Abteilung eines Unternehmens leitet und gesehen, dass auch ein ehemaliger Kollege mit ihm verlinkt ist. Diesen Kollegen habe ich gebeten, einen Kontakt für mich herzustellen und kurz darauf lud man mich zum Gespräch.

Wenn Sie jemanden auf Facebook oder LinkedIn finden, der Ihnen weiterhelfen könnte, seien Sie vor allem nicht schüchtern. Fragen Sie um Hilfe und Unterstützung. Machen Sie bekannt, dass Sie eine neue Herausforderung suchen. Auch wenn Sie in den Medien von Arbeitslosigkeit und vielen Jobsuchenden hören, lassen Sie sich nicht beirren. Konzentrieren Sie sich auf den Gedanken, dass Sie nur einen Job brauchen, den es jetzt zu finden gilt.

Ihre Bewerbung sollte modern und ansprechend sein. Dazu gibt es eine Unmenge an Büchern und Empfehlungen im Internet. Besonderes Augenmerk richten Sie bitten auf Ihr Anschreiben, denn damit müssen Sie die Aufmerksamkeit des Lesers Ihrer Bewerbung wecken. Hier sollten Sie herausstellen, wo Ihre persönlichen Stärken liegen, die Sie für den ausgeschriebenen Job besonders qualifizieren. Betonen Sie Ihre Leidenschaften und stellen Sie sich persönlich vor. Was ist Ihre liebste Freizeitbeschäftigung und spiegelt diese eventuell Seiten in dem angeforderten Jobprofil wieder? Im Schlusssatz zeigen Sie auf, was Sie für die Person bzw. den Arbeitgeber tun wollen.

Tipps

- ✓ Suchen Sie in ihren Kontakten, wer Ihnen bei der Jobsuche nützlich sein könnte
- ✓ Stellen Sie sich persönlich vor
- ✓ Fragen sie um Hilfe
- ✓ Das Anschreiben soll den Leser ansprechen

Transparenz

Gehen Sie davon aus, dass der Arbeitgeber Ihre Profile auf Facebook, Twitter, Instagram, Xing oder LinkedIn ansieht. Was kann er dort über Sie erfahren? Überarbeiten Sie Ihre Informationen spezifisch für die Jobsuche. Folgen Sie Unternehmen, Interessengruppen oder Personen, die im weitesten Sinn mit den Themenfeldern Ihres zukünftigen Arbeitsgebers zu tun haben.

Gar nicht präsent zu sein ist heute undenkbar. Falls Sie also noch keinen Account haben, empfehle ich Ihnen dringend, sich auf den einschlägig bekannten Portalen anzumelden.

Für den Fall, dass im Internet als erstes eine Seite, ein Foto oder ein Bericht zu Ihnen aufgeht, den Sie nicht mögen, empfehle ich Ihnen Folgendes: Es ist sehr schwierig, unliebsame Beiträge aus dem Web entfernen zu lassen. Mithilfe einer eigenen Website oder eines Blogs können sie durch neuen Content aber dafür sorgen, dass alte Beiträge nach hinten verschoben werden.

Hat Sie einer Ihrer Facebook Freunde auf einem Bild markiert, welches Ihnen gar nicht passt, bitten Sie ihn am besten umgehend das Bild zu löschen.

Wenn Sie Ihre Einträge im Profil ändern, achten Sie darauf, dass die Funktion ausgeschaltet ist, die Ihren Freunden oder Followern anzeigt, dass Sie Änderungen vornehmen. Halten Sie diese Profile übersichtlich und knapp. Sie können im persönlichen Gespräch zu späterer Zeit detaillierte Einsicht gewähren.

Tipps

- ✓ Erstellung und Überarbeitung Ihrer Online Profile
- ✓ Folgen Sie berufsspezifischen Gruppen, Unternehmen oder Personen

✓ Beachten Sie die Funktionen, die Ihre Änderungen auf Facebook anzeigen

Vorstellungsgespräch

Wenn Sie zum Vorstellungsgespräch eingeladen sind, machen Sie sich Gedanken, welche Kleidung sie tragen. Suchen Sie nach Mitarbeiterfotos und passen Sie sich dem Dress Code des Unternehmens an. Aus eigener Erfahrung weiß ich, dass dies viel ausmacht. Nach meiner Zeit in der Politik, in der ich in erster Linie Kostüme und Hosenanzüge getragen habe, arbeite ich heute bei einem Fernsehsender. Hier trägt man statt business eher casual. Jeans und T-Shirt reichen vollkommen aus.

Wenn Sie ins Interview gehen, vergessen Sie den Gedanken, dass dort Jemand auf Sie wartet, der Ihnen Zeit gibt, sich aufzuwärmen. Dort sitzt Ihnen eine Person gegenüber, die Sie einordnet und versucht herauszufinden, ob Sie den Anforderungen des Jobs gerecht werden können und ins Unternehmen passen. Die ersten Minuten sind entscheidend.

Ihre Sitzposition sollte Ruhe und Selbstsicherheit ausdrücken. Schlagen Sie Ihre Beine nicht übereinander sondern stellen Sie sie sicher nebeneinander, dies signalisiert: sie stehen mit beiden Beinen auf dem Boden! Versuchen Sie, Ihre Hände ruhig zu halten. Wenn Ihnen dies durch die angespannte Situation schlecht möglich ist, legen Sie sie nebeneinander auf den Tisch. Schauen Sie Ihr Gegenüber an und hören Sie aufmerksam zu. Wenn Sie sprechen, können Sie Ihren Blick auch einmal senken, um ihre Gedanken zu sammeln.

Ganz wichtig: seien Sie pünktlich. Versuchen Sie 10 Minuten vor dem vereinbarten Termin da zu sein, Sie müssen sich nicht direkt anmelden, es gibt Ihnen aber Zeit, sich noch einmal zu konzentrieren. Wenn Ihnen ein Getränk angeboten wird, nehmen Sie ein Wasser. Ich rate von Heißgetränken ab, sie verschmieren sich den Lippenstift, Cappuccino hinterlässt gerne einen Lippenbart und wenn Sie während des Sprechens durstig werden, hilft Ihnen das oft zu heiße Getränk nicht weiter.

Tipps

- ✓ Wählen Sie das richtige Outfit
- ✓ Achten Sie auf Ihre Sitzhaltung und Ihren Blick

✓ Seien Sie pünktlich
✓ Trinken Sie ein Wasser

Gehaltsvorstellung

Wenn Sie den Job haben und es zu einer Gehaltsverhandlung kommt, informieren Sie sich im Internet über die branchenüblichen Gehälter. Geben Sie in jedem Fall an, was für eine Gehaltsvorstellung Sie haben, sonst werden Sie sich nachher mit dem zufrieden geben müssen, was Ihnen angeboten wird.

Sollte Ihre Vorstellung nicht zu realisieren sein, fragen Sie nach variablen Zusatzleistungen: Firmenwagen, Firmenhandy, Laptop, vermögenswirksamen Leistungen, Urlaubsgeld, Weihnachtsgeld, betriebliche Altersversorgung. Das gibt Ihnen Spielraum für weitere Verhandlungen. Fragen Sie aber unbedingt nach dem, was Sie haben wollen. Im Durchschnitt bleiben die Gehälter von Frauen um ca. 8 % unter dem, was männliche Kollegen bekommen. Das liegt aber sehr oft an uns selbst, wir verhandeln nicht gerne, es liegt nicht in unserer Natur. Bleiben Sie hier unbedingt am Ball, es wird Sie sonst Jahre kosten, auf das Gehaltsniveau zu kommen, welches Sie sich eigentlich vorgenommen hatten.

Tipps

- ✓ Geben Sie Ihre Gehaltsvorstellung an
- ✓ Informieren Sie sich über branchenübliche Gehälter
- ✓ Fragen Sie nach Zusatzleistungen

Büroorganisation

Wenn Sie Ihren gewünschten Job haben, machen Sie sich mit Namen, Abteilungen und den genutzten Computerprogrammen vertraut. Holen Sie sich Hilfe, wenn Sie zum Beispiel als Job- oder Wiedereinsteigerin nicht sicher mit Outlook umgehen können. Sie sollten in jedem Fall die Email- und Kalenderfunktionen beherrschen, sonst vergeuden Sie Ihre und die Zeit Ihrer Kollegen. Auch die Grundfunktionen von Excel und PowerPoint werden heute so gut wie in jedem Job vorausgesetzt. Ich nutze Outlook auch privat, aber dazu später mehr, wenn es um die Vereinbarkeit von Familie und Beruf geht. Für ein vernünftiges Zeitmanagement habe ich meine Arbeitstage immer eine halbe Stunde früher begonnen. In diesen 30 Minuten ist Gelegenheit, Emails zu sichten und schon einmal zu sortieren. So löschen Sie diejenigen, die Sie nicht benötigen, wie Werbung oder Junkmails. Markieren Sie diejenigen, die Sie im Verlauf des Tages bearbeiten wollen und sortieren Sie weitere Emails in die entsprechenden Ordner ab. So sind Sie auf dem neuesten Stand und organisiert, wenn der eigentliche Arbeitstag beginnt und Meetings folgen.

Tipps

- ✓ Machen Sie sich fit in Outlook, Excel und PowerPoint
- ✓ Beginnen Sie den Arbeitstag eine halbe Stunde früher und sortieren Sie Ihre Emails

Organisation

In stressigen Zeiten empfehle ich eine gute Büroorganisation. Wenn Sie viele Meetings und Besprechungen über den Tag haben oder länger auf einer Geschäftsreise waren, empfehle ich Ihnen den Tag eine halbe Stunde früher zu beginnen. Sie haben das Büro dann noch für sich alleine, ein paar ruhige Minuten um sich zu sammeln und meine Emails zu sichten und zu ordnen. Manche Emails sind schnell beantwortet oder mit einem Vermerk an die zuständige Abteilung weitergeleitet. Manche sind nur Informationen oder zur Kenntnisnahme, diese können Sie in den entsprechenden Ordner ablegen. Oftmals gibt es kurzfristig noch zusätzliche Informationen zum anstehenden Meeting oder Tagesablauf, den Sie dann auch mit einplanen können. In jedem Fall sind Sie gut vorbereitet und haben am Abend nicht noch eine Unzahl von Emails zu bearbeiten.

Tipps

- ✓ Beginnen Sie den Tag eine halbe Stunde früher, um Emails zu bearbeiten

✓ Nutzen Sie die Ruhe am frühen Morgen, um sich zu sammeln und vorzubereiten

Der Vorgesetzte

Nach ein paar Tagen in Ihrem neuen Job werden Sie herausfinden, mit welchem Typ Chef Sie es zutun haben. Kann er zuhören? Gibt er klare Anweisungen? Kann er loben? Kann er konstruktiv kritisieren? Kann er motivieren? Wenn Sie das alles mit ja beantworten können: Glück gehabt, denn der Chef ist ein wichtiger Wegbereiten für Ihren Erfolg! Falls Sie aber von Beginn an unzufrieden mit ihm sind, verzweifeln Sie nicht, es sei denn, Sie haben gar keine gemeinsame Grundlage. Sollte dies der Fall sein, bleibt nur der schnelle Weg in eine andere Abteilung oder die Suche nach einer anderen Firma. Sollte er aber einfach die Art Chef sein, die nicht besonders motiviert ist, haben Sie dennoch die Chance auf interessante Projekte mit denen Sie Ihr Können unter Beweis stellen können.

Achten Sie auf ein paar Regeln, die im Umgang mit Vorgesetzten immer gelten: Hören Sie zu, seien Sie loyal und erledigen Sie die Chefsachen immer mit oberster Priorität. Schon oft in meinem Leben habe ich beobachtet, wie Mitarbeiter sich selbst die Schlinge um den Hals ziehen. Wenn Sie in einem Projekt mit einer Aufgabe betraut und gefragt werden, wie lange Sie dafür brauchen, kalkulieren Sie unbedingt genügend Zeit ein. Nichts ist enttäuschender als zugeben zu müssen, dass eine Zeitvorgabe nicht eingehalten wurde, die man selbst gesetzt hat!

Angemerkt sei noch, dass Ihr Chef Sie wahrscheinlich in die ihm bekannten Frauenpositionen einordnet: Mutter, Tochter, Ehefrau.

Dies ist ihm nicht zu verübeln, da auch Frauen ihrerseits eine solche Einordnung unbewusst vornehmen. Achten Sie also darauf, welche Rolle Sie wohl einnehmen.

Mutter: er wird eventuell ihre Ratschläge annehmen, aber auch erwarten, dass Sie sich um seine Belange kümmern.

Tochter: Sie haben die Chance, dass Ihr Chef sie fördert, aber er wird sie nie als gleichwertig akzeptieren.

Ehefrau: wenn Sie Verhaltensmuster zeigen, die seine Ehefrau zu Hause hat, werden Sie ähnliche Reaktionen zu erwarten haben. So kann es passieren, dass er Sie schroff abweist, wenn Sie über den Tage immer wieder nach Zeit für ein Gespräch bitten.

Tipps

- ✓ Hören Sie zu
- ✓ Seien Sie loyal
- ✓ Machen Sie sich ihrer Rolle bewusst und haben Sie Verständnis

Ihr Netzwerk

Ihr Netzwerk sollte schnell und stetig wachsen. Ideal ist ein Mentor, der Ihnen Feedback gibt, Sie mit Fachwissen versorgt und Erfolgsstrategien aufzeigt. Auch ein Mentor außerhalb der eigenen Firma kann von großer Hilfe sein, da er Sie auf mögliche Landminen aufmerksam machen kann. Die Politik und Machtstrukturen eines Unternehmens sind sehr ähnlich und Erfahrungen auszutauschen ist von großem Wert. Menschliche Reaktionen ebenso, so ist es ganz natürlich, dass

Jemand der z.B. gerade ein Projekt versenkt hat, sich im nächsten Meeting wie ein angeschossenes Reh verhält und dabei nicht gerade Rücksicht auf Kollegen und Mitstreiter nehmen wird.

Darüber hinaus sollten Sie Kontakt mit Frauen aus anderen Abteilungen aufnehmen. Sie machen ähnliche Erfahrungen und ein Austausch kann nur nützlich sein. Schließlich halten Sie Ausschau nach Jemandem, der im besten Falle zu den Senioren in der Firma gehört, also ein gutes Stück älter ist als Sie selbst. Der Vorteil der Senioren ist der, dass Sie aus dem beruflichen Wettrennen um Beförderungen bereits raus und daher eher geneigt sind, jemand anderem zu einer Beförderung zu verhelfen.

Tipps

- ✓ Schaffen Sie sich ein Netzwerk
- ✓ Suchen Sie Sich einen Mentor und Senior, der sie fördert

Zeigen Sie ihren Erfolg

Wir Frauen sind stolz darauf, dass wir unsere Position aufgrund unseres Wissens erhalten haben und beschränken uns oft darauf. So halten wir hinter den Berg, wenn es um sichtbare Erfolgsfaktoren geht. Männer fordern sehr selbstbewusst ein großes Büro, Laptop, Handy und Firmenwagen. Oftmals ist uns Frauen gar nicht bewusst, dass wir danach fragen sollten, ja es ist uns sogar unangenehm und wir finden es protzig, uns mit diesen eitlen Etiketten zu schmücken. Wenn Sie ihren Erfolg im Unternehmen sichtbar machen wollen, fordern Sie diese Dinge ein, seien Sie nicht zu bescheiden. Wenn Sie nicht selbst den Mund aufmachen, wird es niemand anderes für Sie tun. Männer werden Sie dadurch in Ihrer Position anders wahrnehmen und das möchten wir doch erreichen. Machen Sie auf sich aufmerksam, sprechen Sie von Ihren gelungenen Projekten, den neu geworbenen Kunden, der erfolgreichen Messe, den neuen Aufträgen, die auf ihre Leistung zurück zu führen sind. Fragen Sie nach zusätzlichen Mitarbeitern, wenn Sie einen neuen Kunden oder ein neues Projekt bekommen haben. Werden Sie sichtbar!

Tipps

- ✓ Zeigen Sie ihren Erfolg, auch mit einem größeren Büro, Firmenwagen etc.
- ✓ Sprechen Sie über ihren Erfolg

Vermarkten Sie Ihre Ideen

Jeder kennt das: Sie haben eine Idee, teilen diese und niemand nimmt sie wahr. Ein Kollege formuliert die gleiche Idee und bringt sie ans Ziel. Was tun? Seien Sie selbstbewusst und machen sie klar, dass sie die Quelle dieser Idee waren. Wahrscheinlich wollen Sie nicht als selbstsüchtig oder wenig teamfähig gelten, an dieser Stelle müssen Sie sich aber unbedingt durchsetzen, sonst werden Sie die gleiche Erfahrung immer wieder machen. Ich habe häufig erlebt, dass es simple Ursachen haben kann, dass Frauen Ihre Idee nicht durchsetzen konnten. Oftmals sprechen Sie zu leise oder schlimmer noch, sie flüstern im Meeting ihrem männlichen Sitznachbarn ins Ohr und die Lorbeeren gehen an den Kollegen. Um sicher zu gehen, dass Ihre Idee Gehör bekommt, formulieren sie alles schriftlich und senden Sie dies gegebenenfalls an Mitarbeiter und Vorgesetzte. Es gibt bewerte Sätze, die Ihnen helfen, Ihre Aussagen zu manifestieren, auch wenn Sie bereits von einem Kollegen gestohlen wurde. Sagen Sie: „Es freut mich, dass Sie mit Ihrer Äußerung auf meinen ursprünglichen Vorschlag aufbauen und gerne werde ich diesen unterstützen. " Hier machen Sie klar, wer die Urheberrechte hat, nur Mut! Wenn Sie mit einer Frage Ihre Aussage beschließen, werden Sie merken, dass Sie damit in sicherem Fahrwasser für Ihre Idee sind: „Sollen wir sofort damit beginnen? " Damit halten Sie das Zepter in der Hand.

Tipps

- ✓ Bringen Sie Ihre Ideen laut und deutlich vor
- ✓ Enden Sie die Aussage mit einer Frage

Seien Sie präsent

Sie werden zu einem Meeting eingeladen, das mit Ihrem Fachbereich eigentlich nichts zu tun hat und wollen es absagen. Tun Sie das nicht, jedes Meeting gibt Ihnen die Möglichkeit, sich zu zeigen und sich einzubringen. Hinterfragen Sie erst gar nicht den Nutzen aller Meetings, aber wenn Sie nicht erscheinen, können Sie weder Ihre Netzwerke pflegen noch neue Kontakte aufbauen. Zeigen Sie sich und seien Sie Ihre eigene Marke!

Bieten Sie Präsentationen und Teilnahme an Meetings an und sagen Sie unbedingt etwas, damit man Sie wahrnimmt. Schreiben Sie Artikel für Mitarbeiternewsletter, Intranet oder Fachzeitschriften. Auch auf Portalen wie Linkedin o.ä. können Sie Artikel veröffentlichen und von sich reden machen. Besuchen Sie Veranstaltungen oder Messen, die in Ihrem Fachbereich liegen. Berichten Sie darüber in schriftlicher Form. Dies alles unterstützt Ihr Eigenmarketing und Sie werden für alle sichtbar.

Tipps

- ✓ Bieten Sie Ihre Teilnahme an Meetings und Präsentationen an
- ✓ Achten Sie darauf, dass Sie im Meeting durch Redebeiträge aktiv in Erscheinung treten
- ✓ Schreiben Sie Artikel für Mitarbeiternewsletter oder Fachzeitschriften

Sprache

Machen Sie sich, bevor Sie ins Meeting gehen, mit der Thematik vertraut und planen Sie, mit welcher Aussage Sie in Erscheinung treten wollen. Stellen Sie sich dabei zwei Fragen: Was ist mein Thema und welches sind die Punkte, die ich zur Diskussion stellen möchte? Kommen Sie direkt auf den Punkt, seien Sie präzise.

Oftmals machen Frauen den Eindruck, als seien Sie sich Ihrer Aussagen nicht sicher. Typisch weiblich ist, dass wir gerne lang erklären. Dies ist im Meeting aber nicht gefragt, achten

Sie also auf eine kurze und knappe Erklärung Ihres Standpunktes.

Beginnen Sie Ihre Sätze nicht mit Fragen. Dies gilt nicht nur bei Meetings sondern besonders im täglichen Umgang mit Vorgesetzen. So wandeln Sie den folgenden Satz: „Ist es für Sie in Ordnung, wenn ich morgen von zu Hause aus arbeite, weil ich eine Lieferung erwarte? " in: Ich wollte Sie nur wissen lassen, dass ich morgen von zu Hause aus arbeite, weil ich eine Lieferung erwarte. "

Dies erspart nachfragen und Sie zeigen Selbstbewusstsein.

Vermeiden Sie das Benutzen von Entschuldigen, wenn Ihnen Fehler unterlaufen. Formulieren Sie ein Statement und bieten Sie einen Lösungsvorschlag statt einer Entschuldigung an. Wenn Sie zum Beispiel Ihrem Chef eine Einladung zu einem Meeting weitergeleitet haben und er sie nachher zurechtweist, weil er die Einladung nicht bekommen hat (wahrscheinlich hat er sie nicht gelesen), reagieren Sie wie folgt: „Ich habe Ihnen die Email noch am gleichen Tag weitergeleitet. Wenn Sie in Zukunft möchten, dass ich die Termine mit Ihnen noch einmal wöchentlich abgleiche, werde ich das gerne tun! "

Wir neigen von Natur aus dazu, Dinge klein zu reden. Wenn Frau ein Kompliment bekommt für ein neues Kleid, sagt sie

gerne: „Oh, das habe ich ganz günstig im Schlussverkauf er-
standen. Sagen Sie zukünftig: Vielen Dank, es freut mich, dass
es Ihnen gefällt! "

Wenn Ihnen Jemand zum Studienabschluss gratuliert: „Oh,
es hat mich selbst gewundert, dass ich so gut war. Sagen Sie
lieber: Vielen Dank, ich bin sehr stolz auf das, was ich erreicht
habe und bedanke mich bei denen, die mich auf dem Weg
begleitet haben!

Tipps

- ✓ Verzichten Sie auf Erklärungen
- ✓ Vermeiden Sie Fragen
- ✓ Reden Sie sich nicht selbst klein

Meetings

Lesen Sie sich, bevor Sie ins Meeting gehen, in jedem Fall
sorgfältig die Tagesordnungspunkte durch und bereiten Sie
sich auf Ihren Beitrag vor. Pünktlichkeit ist auch hier oberstes

Gebot. Sei es in einem Mitarbeitermeeting, wo Sie Vorbildfunktion haben oder in einem Meeting mit Vorgesetzten, die Sie erwarten, um mit der Arbeit beginnen zu können.

Seien Sie interessiert und bereiten Sie Lösungsvorschläge oder Vorgehensweisen vor, die Sie zum Thema einbringen.

Seien Sie nicht schüchtern und setzen Sie sich an die vordere Hälfte des Tisches, sprechen Sie langsam und deutlich, vor allem laut genug. Frauen nehmen sich oft zurück und sind dezent, damit können Sie hier nicht gewinnen. Wenn Sie etwas zu sagen haben, melden Sie sich frühzeitig. Lassen Sie nicht allen anderen den Vortritt, Sie riskieren, dass das Meeting schließt, bevor Sie sprechen konnten. Erklären Sie nicht lange, wie Sie eine Idee entwickelt haben, kommen Sie direkt zum Punkt und versuchen Sie, immer positiv zu formulieren. Wenn Sie ein Problem vorstellen, versuchen Sie die Richtung für einen Lösungsvorschlag mit anzugeben.

Wenn es zu heftigen Diskussionen kommt, die mitunter auch schon einmal laut werden können, achten Sie unbedingt darauf, dass Sie ruhig bleiben und vor allen Dingen weiterhin ruhig sprechen. Nichts ist schlimmer als die schrillen Töne einer Frauenstimme, sie werden damit nur den Spott auf sich ziehen.

Kommentieren Sie die Ideen von Kollegen positiv, Sie zeigen damit guten Willen und Teamfähigkeit. Vermeiden Sie positive Kommentare bei Ihrem Vorgesetzten. Ihre Kollegen werden sonst denken, Sie wollten sich einschmeicheln. Sie können jedoch Vorgesetzten im Anschluss an das Meeting eine Email senden, das Gesagte kommentieren und gleich erklären, wie Sie sich einbringen wollen, um die Idee umzusetzen.

Tipps

- ✓ Melden Sie sich zu frühzeitig mit Ihrem Beitrag
- ✓ Formulieren Sie positiv, bringen Sie Lösungsvorschläge ein
- ✓ Achten Sie auf Ihre Stimme und eine ruhige Ausstrahlung

Sprachgeschwindigkeit

Auch bei geübten Rednern schleicht sich gerne ein zu schnelles Tempo ein. Das können Sie auch bei Politprofis in Talkshows beobachten, wenn diese unter Zeitdruck stehen und noch unbedingt etwas Ihrer Aussage hinzufügen möchten. Wir beschleunigen an dieser Stelle gerne, um nicht unterbrochen zu werden und den Gedanken zu Ende zu bringen. Haben Sie Selbstvertrauen und bleiben Sie bei einem Tempo, welches spiegelt, dass Sie für sich ganz selbstverständlich Redezeit in Anspruch nehmen, da ihre Aussage von großer Wichtigkeit ist. Wenn sie zu sehr beschleunigen, erreichen Sie beim Zuhörer genau das Gegenteil. Zudem ist es Fakt, dass sich Frauenstimmen in höheren Lagen bewegen, wenn Sie zu sehr beschleunigen. Eine gehobene Frauenstimme wirkt oft schrill und wird als keifend wahrgenommen.

Tipps

- ✓ Üben Sie ein moderates Tempo
- ✓ Nehmen Sie ihren Vortrag oder Redebeitrag auf Video auf und beobachten sie sich selbst

✓ Bitten Sie einen Kollegen, ihnen ein Zeichen zu geben, wenn Sie zu schnell werden

Pausen

Machen Sie Pausen in ihrem Redebeitrag, dies signalisiert Stärke und untermalt die Wichtigkeit ihrer Aussage, stellt ihr Selbstvertrauen dar und gibt dem Zuhörer Gelegenheit, die Information sacken zu lassen.

Wenn Sie etwas gefragt werden, reagieren sie ebenfalls mit einer kurzen (nicht zu langen) Denkpause. Dies Zeigt ihrem Gegenüber, dass Sie ihn ernst nehmen und gibt Ihnen Zeit, Ihre Antwort gut zu formulieren und zu überdenken.

Sollten Sie eine Frage nicht richtig verstanden haben, empfehle ich dringend, noch einmal nach zu fragen, bevor Sie aus der Not heraus etwas sagen, was mit der Sache nichts zu tun hat.

Tipps

✓ Machen Sie Pausen in ihrem Redebeitrag, um die Wichtigkeit ihrer Aussage zu untermalen

✓ Lassen Sie sich Zeit, wenn Sie auf eine Frage antworten, um Ihre Antwort zu überdenken und zu formulieren

Aufgabenverteilung im Meeting

Jede von uns Frauen hat die folgenden Sätze zu Beginn eines Meetings schon gehört: „Wären Sie so nett, den Kaffee einzuschenken? "

Daran ist im Grunde nichts verwerfliches, aber achten Sie darauf, dass Sie nicht dauerhaft in diese typische Frauenrolle gedrängt werden. Sie werden sonst auch noch mit den Aufgaben der Führung des Protokolls und des Fotokopierens von Unterlagen betraut. Keiner wird sich dabei groß etwas denken, aber fragen Sie Ihrerseits Ihre männlichen Kollegen nach diesen Aufgaben und zeigen Sie Widerstand, um nicht in die Rolle der Assistentin zu fallen. Denn dann haben Sie diese für ewig am Leibe haften. Wenn Sie nicht wissen, wie Sie das bewerkstelligen, machen Sie forsch den Vorschlag, diese Aufgaben im Kreis der Teilnehmer rotieren zu lassen. Wehren Sie sich, wenn Sie wieder einmal zum Kopieren der Unterlagen verdonnert werden. Antworten Sie: „Ich glaube, ich habe das beim letzten Mal schon übernommen und passe heute ". Irgendwann werden sich Ihre Kollegen schon daran gewöhnen. Es gibt aber auch Grund zur Hoffnung: Ich beobachte, dass jüngere Männer selbstverständlich Kaffee einschenken und Protokoll führen, da sind wir auf einem guten Weg!

Tipps

✓ Übernehmen Sie nicht dauerhaft Aufgaben wie Kaffee einschenken und Protokoll führen, verlangen Sie eine Rotation

Augenkontakt und Haltung

Blicken Sie ihrem gegenüber fest in die Augen. Auch wenn Sie in einer Diskussion oder einem Meeting abgelenkt oder gelangweilt sind, achten Sie zu jeder Zeit auf Ihre Haltung und ihren Blick. Dies zeigt dem Vortragenden, dass Sie ihm folgen und ihn ernst nehmen. Sie erwarten die gleiche Reaktion ja auch von ihren Gesprächspartnern. Nicken Sie zustimmend bei Ausführungen und zeigen sie damit für andere Teilnehmer sichtbar Interesse und Zustimmung. Sollten Sie anderer Meinung sein, signalisieren Sie dies mit Kopfschütteln, die Teilnehmer in der Runde und der Vortragende wissen so schon um Ihre Meinung, bevor Sie das Wort erhalten. Je nachdem wie sie gekleidet sind und sitzen, achten Sie auf ihre Haltung.

Nichts ist schlimmer als ein runder Rücken! Ich habe da für mich einen Trick, ich stelle mir vor, wie sehr meine inneren Organe gequetscht werden, wenn ich gebeugt sitze und ganz unwillkürlich richte ich mich auf!

Wenn sie ein Kleid anhaben und man auf ihre Beine blicken kann, achten sie darauf, die Beine nebeneinander zu stellen oder übereinander zu schlagen. Falls ihr Rock aber recht kurz ist, achten sie darauf, dass er sich beim Sitzen nicht zu hoch zieht, man Ihnen nicht darunter blicken kann. Sollte dies passieren, haben Sie verloren, die Leute werden sich mehr an Ihr Aussehen als an Ihre Aussagen erinnern. Dies gilt besonders für Situationen, in denen Sie auf einem Podium sitzen.

Tipps

- ✓ Halten Sie mit dem Redner Blickkontakt
- ✓ Signalisieren Sie ihre Meinung
- ✓ Achten Sie auf Ihre Haltung, sitzen sie gerade
- ✓ Achten Sie auf die Stellung ihrer Beine

Aussehen

An dieser Stelle möchte ich nicht die Aufgabe von Modedesignern und -magazinen übernehmen, aber ein paar kleine Hinweise seien mir erlaubt. „Wie Du kommst gegangen so Du wirst empfangen!" Ein uralter Spruch, aber auch heute voller Wahrheit! Kürzlich hielt ich ein Gespräch mit Müttern im Bekanntenkreis, es ging um die Stellung der Lehrer und das teilweise wenig respektvolle Verhalten in der heutigen Zeit von Schülern. Dabei stellten wir unter Anderem fest, dass Lehrer in früheren Zeiten fast immer im Anzug, in jedem Fall aber einem Jackett und die Frauen in einem Kostüm zur Arbeit kamen. Heute ist alles sehr leger und bequem, dies sei auch jedem gegönnt, aber Sie werden erahnen, worauf ich hinaus will. Auch das äußere Erscheinen kann Ihnen helfen, sich Respekt zu erwerben. Ich empfehle Ihnen daher, sich entsprechend dem Anlass zu kleiden. Wenn Sie ein Business Meeting haben, ist eine dunkle Kleidung und dezenter Schmuck angebracht. Natürlich müssen Sie das auf Ihre jeweilige Branche anpassen. Aber ein gepflegtes Äußeres und ein guter Haarschnitt sollten selbstverständlich sein. Sollten Sie sich wegen des Make-Ups unsicher sein, konsultieren Sie eine professionelle Kosmetikerin oder wenden Sie sich bei geringem Budget in einem Kaufhaus an eine Verkäuferin eines hochpreisigen Make-Up Labels. Fast alle bieten eine kostenfreie Beratung an. Es geht auch hier nicht um das perfekte Aussehen sondern um Ihre Sicherheit, denn wenn Sie sich wohl fühlen mit Ihrem Äußeren, strahlen Sie das auch aus.

Trage ich ein Kleid oder einen Rock trage, habe ich immer (und wirklich immer) eine Ersatzstrumpfhose in der Handtasche. Nichts ist unangebrachter als eine Laufmasche, womöglich noch in einer schwarzen Strumpfhose. Wenn ich ein helles

Top oder eine weiße Bluse trage, habe ich für den Notfall auch immer ein weißes T-Shirt in der Handtasche. Man weiß ja nie, ob einem der Kellner etwas überschüttet oder man in der Bahn oder im Flugzeug mit dem Kaffee kleckert. Trage ich Schuhe mit hohem Absatz, habe ich immer zusätzlich Ballerinas dabei. Diese waren mir schon oft Rettung und Wohltat an einem langen Arbeitstag oder auf einer Messe.

Heutzutage checke ich Fotos im Internet von meinen Gesprächspartnern, um heraus zu finden, wie groß sie sind. Habe ich einen männlichen Gesprächspartner, der kleiner ist als ich, ziehe ich in jedem Fall flache Schuhe an, auch in einem Vorstellungsgespräch. Das ist jedem selbst überlassen, aber wenn ich meine männlichen Gesprächspartner um Kopflängen überrage, löst das bei mir Unbehagen aus.

Halten Sie Ihre Fingernägel kurz, zu lange oder künstliche sind unangebracht und nicht Business tauglich. Sollten Sie die Nägel lackiert haben, gehört auch der Lack ins Gepäck, damit sie jederzeit abgesplitterte Nägel ausbessern können.

Ein Klebestift wirkt wahre Wunder, wenn Sie sich mit dem Absatz in den Hosen- oder Rocksaum getreten sind. Einfach festkleben, für einen Tag hält das in jedem Fall!

Tipps

✓ Achten Sie auf Ihre Kleidung entsprechend dem Anlass
✓ Passen Sie Ihr Outfit Ihrer Branche an
✓ Suchen Sie sich eine professionelle Make Up Beratung
✓ Packen Sie sich eine Ersatzstrumpfhose und ein Top in die Handtasche, eventuell auch flache Schuhe

Reisen

Ich habe es mir angewöhnt, mich für Flugreisen so zu kleiden, wie es im Meeting angebracht wäre. Es kann sehr unangenehm werden, wenn der Koffer nicht kommt und Sie in Jeans und T-Shirt oder einem ausgeleierten Pullover auftreten. Zumindest Teile Ihrer Garderobe sollten so ausgewählt sein, dass Sie damit für eine geschäftliche Besprechung gerüstet sind.

Ins Reisegepäck gehört für mich seit Jahren ein großes Tuch. Oft sind die Klimaanlagen auf Flügen so schlecht eingestellt, dass man friert. Im Sommer steigt man eventuell mit einem T-Shirt oder einem dünnen Kleid ein und holt sich schnell eine Erkältung. Das Tuch beugt Halsschmerzen vor, im Winter wähle ich etwas Wärmeres aus Wolle oder Kaschmir, einen Schal oder ein Cape.

Nach langen Arbeitstagen steht oft noch ein Business Dinner mit Ausklang an der Bar an. Ich empfehle Ihnen zum Essen höchstens ein Glas Wein. Wahrscheinlich hat es ja zum Auftakt schon einen Aperitif gegeben. Denn Anreise, ein langer Arbeitstag und Jetlag bringen den Biorhythmus durcheinander und Alkohol wirkt anders, als Sie es vielleicht gewohnt sind. In meinem beruflichen Werdegang habe ich ein Jahr für eine Brauerei gearbeitet. Ich war dort für Veranstaltungen und Messen zuständig und habe auf Anweisung der Inhaberin immer in einem anderen Hotel gewohnt als meine männlichen Kollegen. Ich fand dies zunächst völlig unnötig, aber nach kurzer Zeit war mir klar, weshalb sie so entschieden hatte. Nun kann man Mitarbeiter einer Brauerei, die auf dem Messestand den ganzen Tag mit Kunden Bier trinken (müssen) nicht mit Kollegen aus anderen Branchen vergleichen, aber mich hat diese Zeit gelehrt, meinen eigenen Alkoholkonsum im Blick zu halten und späten Abenden an der Bar aus dem Weg zu gehen. Manchen Kollegen lässt der Alkoholkonsum Hemmungen ablegen und Äußerungen tätigen, die er sonst zurück halten würde. Ich verabschiede mich auch heute noch gerne um 22.30 – 23.00 Uhr auf mein Zimmer und bin damit immer gut gefahren.

Tipps

✓ Kleiden Sie sich schon auf dem Flug Meeting tauglich

✓ Legen Sie sich ein Tuch oder einen Schal in die Handtasche

✓ Achten Sie bei Übernachtungsreisen auf ihren Alkoholkonsum

✓ Vermeiden Sie lange Abende an der Bar

Teil II

Frauen und Geld

Eine sehr komplizierte Beziehung herrscht zwischen Frauen und Geld vor. Wir ärgern uns, dass wir nicht genug bekommen, darüber hinaus verlassen Frauen sich zu oft auf Andere, die die Verantwortung tragen sollen. Auch wenn die heutige Generation mit der Selbstverständlichkeit aufwächst, darauf zu achten, finanziell unabhängig zu sein, machen Frauen viele Fehler. Das beruht sicher auch auf den typischen Merkmalen in der Rolle der Frau, die größeres Gewicht auf soziale Beziehungen als auf Geld legen und dadurch häufig auch in sozialen Berufen arbeiten, in denen die Gehälter niedrig sind.

Denken Sie daran: Geld ist Macht.

Mädchen werden immer dazu angehalten, nett zu sein. Auch Sie werden das in Ihrem Leben oft gehört haben. Man kann fest verankerte Denkmuster nicht einfach ablegen, aber wenn man sich bewusst macht, wie tief diese oft gehörten Ratschläge sitzen, wird es Zeit zur Umkehr.

Frauen geben Ihr Geld häufig für Ihre Kinder und den Haushalt aus, während Männer sich eher mit Investitionen beschäftigen. Der Fokus im Umgang mit Geld ist also ein grundsätzlich Anderer, achten Sie also ab jetzt darauf, dass Sie sich um Investitionen in Ihre Zukunft kümmern.

Tipps

- ✓ Lenken Sie Ihre Gedanken von menschlichen Beziehungen auf Erfolgsstrategien
- ✓ Investieren Sie Ihr Geld nicht nur in Kinder und Haushalt sondern auch in Ihre Zukunft

Verantwortung übernehmen

Immer wieder stelle ich in meinen Seminaren fest, wie sehr sich Frauen darauf verlassen, dass Ihr Partner die finanziellen Angelegenheiten regelt. Auch im Jahr 2016 gibt es noch die klassische Rollenverteilung. Die Frau kümmert sich um die Kinder und den Haushalt, der Mann ist im Job. Selbst wenn beide Partner einer Arbeit nachgehen, regelt die Finanzen der Mann.

Warum ist das ist so? Frauen hören während Ihres Aufwachsens die verschiedensten Hinweise. So sollen sie den Wert des Geldes schätzen lernen und es sorgsam ausgeben. Auf der anderen Seite wird Ihnen vermittelt, in ihrer Rolle als Frau nett und lieb zu sein und sich um Kinder sowie Eltern zu kümmern. Diese Erziehung führt dazu, dass Frauen sich weniger um das liebe Geld als mehr um die menschlichen Beziehungen sorgen. Um aber eine finanzielle Unabhängigkeit zu erlangen, benötigt man zwei Dinge: finanzielle Planung und finanzielles Denken. Definitiv zu kurz kommt aus der Erziehung heraus das finanzielle Denken. Wenn Sie sind wie die meisten Frauen, denken Sie nicht in Richtung „reich " und wenn Sie es tun, assoziieren Sie reich mit Beziehungen, Liebe, einem angenehmen Arbeitsplatz, Familie, Gesundheit. Dies ist auch alles richtig, aber das Ziel des Reichtums in finanzieller Hinsicht geht in eine ganz andere Richtung. Wie Sie für sich reich definieren ist eine sehr persönliche Sache und natürlich jedem selbst überlassen, aber eine finanzielle Sicherheit und gleichzeitige Unabhängigkeit darf ich an dieser Stelle als selbstverständlich voraussetzen und dazu einige Hinweise geben. Geld bedeutet Macht und damit verbinden wir Frauen meistens keine guten Gefühle. Das Geld an sich hat aber nichts Schlechtes, es kommt darauf an, wie man damit umgeht. Ein Messer an sich hat ebenso nichts Schlechtes, Sie können damit eine Gurke schneiden oder Jemanden verletzen; das Messer hat darauf keinen Einfluss.

Es kommt darauf an, wie man mit den Dingen umgeht. Während meiner Erziehung war es selbstverständlich, dass meine Schwester und ich uns um den Haushalt kümmerten und natürlich wussten, wie man ein Bad putzt oder ein Bett bezieht. Während meines Studiums wohnte ich in einer WG und musste die Feststellung machen, dass diese Tätigkeiten für meine männlichen Mitbewohner durchaus nicht selbstverständlich waren. Sie wurden dazu erzogen, sich auf Ihre Aufgabe als Versorger der Familie vorzubereiten und wir Mädchen mehr auf die Rolle, sich um Mitmenschen zu kümmern, nett zu sein und hübsch auszusehen. Meine Mitbewohner waren durchaus interessiert, die Börsenkurse zu verfolgen und selbst mit ihrem kleinen Gehalt kurz nach dem Studium in Aktien zu investieren, während sich die meisten meiner Freundinnen mit den ersten Gehältern eine teure Handtasche kauften oder Dekoration für die Wohnung.

Eines meiner größten Ärgernisse in unserer Zeit ist die Werbung. Immer noch werben Waschmittel-, Spülmittel-, Putzmittel- und Waschmaschinenhersteller mit Frauen. Als ob sich tatsächlich noch heute eine Frau über weiße Wäsche freut, wie im Jahr 1950!

Hier gilt es, das Denken zu ändern und ich hoffe, einen kleinen Beitrag leisten zu können, dass Frauen auch die Verantwortung für ihr finanzielles Leben und ihre Zukunft übernehmen.

Tipps

- ✓ Geld ist Macht
- ✓ Investieren Sie!

Planung

In einem meiner Workshops habe ich einige Aussagen zur Diskussion gestellt und war erstaunt, dass viele junge Frauen auch heute noch in ihrer Erziehung die folgenden Sätze hören:

„Du brauchst nicht so eine Karriere planen. " „Wenn Du erst einmal Kinder hast, wird Dein Gehalt doch sowieso nur das zweite Einkommen sein. " „Mit Geld kannst Du Glück nicht kaufen. " „Es ist besser, Gutes zu tun, als reich zu sein. " Alles richtig, aber es hilft überhaupt nicht weiter, wenn man für sich selbst die finanzielle Verantwortung übernehmen will. Viele meiner Freundinnen arbeiten im sozialen Bereich und wie wir alle wissen, ist dies oft eine sehr harte Arbeit, die einen auch emotional fordert und leider sehr schlecht bezahlt wird. Viel schlimmer finde ich aber, dass qualifizierte Frauen oft unter ihren Möglichkeiten bleiben, weil Sie sich trotz aller Voraussetzungen nicht gut genug verkaufen, um die Karriere zu machen, die ihnen Ihre Ausbildung eigentlich ermöglichen könnte. Oft sind sie verunsichert und zögern zu lange, um sich zu präsentieren und positionieren.

Meistens fehlt die strategische Planung und das zielgerichtete Denken. Schreiben Sie auf, was Sie erreichen wollen und was Sie für Ihren erwünschten Lebensstil an finanziellen Mitteln benötigen. Wollen Sie in einer Mietwohnung, einer Doppelhaushälfte, einem eigenen Haus oder einer Villa wohnen? Sind Sie zufrieden mit einem Jobticket oder möchten Sie ein eigenes Auto? Wollen Sie Campingurlaube machen oder bevorzugen Sie Hotels? Wie stellen Sie sich Ihr Leben in Rente vor? Besonders wichtig ist diese Planung, wenn Sie schon im fortgeschrittenen Alter sind. Neben allen Wünschen sollten Sie als erstes aufschreiben, wie viele Monatsgehälter Sie noch erwarten in Ihrem beruflichen Leben und ob dies noch für eine Finanzierung für z.B. ein Eigenheim reicht! Das heißt, Sie müssen wissen, wo Sie stehen, bevor Sie in die Planung gehen.

Erstellen Sie Ihren eigenen Business Plan. Erfassen Sie in einer Liste alle Einnahmen, dazu gehört Gehalt, Mieteinnahmen, Aktiendividenden, Sparguthaben und sonstiges Vermögen. Stellen Sie diese den ständigen Ausgaben wie Miete, Kredit, Auto, Telefon, Kreditkartenabrechnungen, Zahlungen an Versicherungen oder privater Altersversorgung gegenüber. Im Internet werden Sie Vorlagen dafür finden. Wenn Sie das alles aufgeschrieben haben, planen Sie, wo Sie in den nächsten 5 oder 10 Jahren stehen wollen.

Tipps

- ✓ Reflektieren Sie die Sätze, die sie in Ihrer Erziehung gehört haben und hinterfragen Sie diese
- ✓ Machen Sie sich einen Plan: was will ich, wie viel finanzielle Mittel benötige ich?
- ✓ Ist und Soll Kalkulation

Erfolg

Wenn Sie nicht den finanzielle Erfolg haben, den Sie sich wünschen, fragen Sie sich warum. Sind Sie eventuell immer noch besser darin, die Rolle des netten Mädchens zu spielen als das Spiel ums Geld mitzuspielen? Sie sollten Ihren Blick darauf fokussieren, welches Leben Sie leben wollen und nicht auf das Leben, das Sie haben. Ein Grund, weshalb Männer oft erfolgreicher sind, wenn es um die Finanzen geht, ist, dass Sie wissen, wie man gewinnt.

Dies erkennt man schon in früher Kindheit. Während Mädchen gerne gemeinsam mit Freundinnen spielen und darauf achten, dass jeder zufrieden ist, sind die Jungs darauf aus, die Spiele, die sie spielen zu gewinnen. Sie betrachten Ihre Freunde als Konkurrenten und wollen sich gegen diese durchsetzen. Erinnern Sie sich daran, wie Sie mit ihren Freundinnen gespielt haben. Hatten Sie auch ein Puppenhaus? Hier war es durchaus möglich, Zimmer und Puppen so aufzuteilen, dass jeder Freude am Spiel hatte. Die Rollen waren gleich verteilt. Wenn Jungs hingegen auf ein Fußballfeld gehen, tun sie dies, um dort zu gewinnen. Darauf sind sie trainiert und nehmen nicht besonders viel Rücksicht. Man kann durchaus beobachten, dass sie rempeln oder auch mal unfair werden. Im Tennisspiel wird der Unterschied zwischen Jungen und Mädchen auch sehr deutlich. Ich selbst habe immer gerne vorgeschlagen, doch ohne zu zählen einfach hin und her zu spielen, um Spaß zu haben. Jungs spielen sich ein und fordern sehr schnell ein Spiel. Um jeden Punkt wird gefeilscht und natürlich ist das Ziel zu gewinnen.

Diese Gedanken im Hinterkopf übertragen auf die berufliche Situation macht schnell deutlich, dass Männer es sich leichter machen, zu kämpfen und sich für ihre Ziele einzusetzen. Frauen sind deutlich zurückhaltender und suchen die berufliche Erfüllung nicht an erster Stelle in einem attraktiven Gehalt sondern auch im Umgang mit netten Kollegen und einem angenehmen Arbeitsplatz. Wenn Sie also mehr finanziellen Erfolg wollen, beginnen Sie das Spiel ums Geld zu verfolgen und seien Sie dabei nicht zu höflich, hören Sie auf sich Gedanken zu machen, wie die Anderen sich fühlen, wenn Sie eine Forderung haben. Vielleicht haben Sie die Erfahrung auch schon gemacht, dass ein Kollege, der die gleiche Arbeit tut wie sie, mehr Gehalt dafür bekommt. Vermutlich hat er mehr gefordert. Es ist Fakt, dass derjenige, der mehr fordert, in aller Regel mehr bekommt und daran ist nichts schlecht oder unfair.

Tipps

- ✓ Beginnen Sie einen Sport, der Sie die Regeln des Wettbewerbs lehrt
- ✓ Fokussieren Sie ihr Ziel und erarbeiten Sie einen Plan, wie Sie es erreichen

Unterstützer

In meinem Leben habe ich schon verschiedene Jobs gehabt. Zum Teil, weil ich umgezogen bin, aber auch, weil mich eine neue Herausforderung lockte. Nicht immer habe ich mich dabei verbessert, aber der Wille zur Veränderung war immer so stark, dass ich meinen Weg verfolgt habe. Heute kann ich diese Ziele aus eigener Kraft heraus verfolgen und mich auch motivieren. Wenn ich gedankliche Unterstützung benötige, hole ich mir diese oft aus Büchern, aber in besonderer Weise von guten Freunden oder Bekannten, deren Rat mir sehr wichtig ist. Wenn Sie etwas in Ihrem beruflichen Leben ändern möchten, achten Sie darauf, dass Sie damit nicht zu Bekannten gehen, von denen Sie sowieso schon wissen, dass es Bedenkenträger sind. Suchen Sie sich Menschen, die ähnliche Veränderungen anstreben oder umgesetzt haben und vermeiden Sie Neinsager. Oft benötigt man etwas Schub aus dem eigenen Umfeld, um den nächsten Schritt zu gehen. Vermeiden Sie, ihren derzeitigen Job schlecht zu reden. Dieser war für sie richtig und gut als Sie ihn begonnen haben. Ihre damalige Lebenssituation und ihre Gedanken haben Sie dorthin getragen. Aber nun haben sich Ihre Erwartungen geändert und sie wollen etwas Neues beginnen. Sehen Sie ihren derzeitigen Job dabei als guten Zwischenschritt, der ihnen jetzt ermöglicht, die nächste Aufgabe zu suchen.

Tipps

- ✓ Suchen Sie sich Unterstützung bei Freunden und Bekannten Vermeiden Sie
- ✓ Gespräche mit notorischen Neinsagern
- ✓ Sehen Sie Ihren derzeitigen Job als Zwischenschritt

Machen Sie Ihre Finanzen zu Ihrem Thema

Frauen gehen mit ihren Finanzen ähnlich um, wie mit ihrem Auto. Erst wenn eine rote Lampe aufleuchtet, kümmern wir uns darum. Wir haben keine Zeit, weil wir den Kühlschrank auffüllen, zur Reinigung fahren, ein Geburtstagsgeschenk oder einen Blumenstrauß besorgen, die Schulmaterialien für die Kinder einkaufen und noch eben schnell eine Maschine Wäsche machen. Wir kümmern uns meist um die Belange anderer und weniger um unsere eigenen Sachen. Bei jungen Frauen beobachte ich oft, dass Sie erst ihre Karriere machen wollen und sich dann um die Finanzen kümmern. Dabei verpassen sie schnell eine Umfinanzierung, wenn die Raten für Kredite günstiger geworden sind oder den Aktienmarkt zu beobachten und einen Betrag einzusetzen, wenn der Kurs niedrig ist. Sie sollten sich für Ihre Finanzen Zeit nehmen und Ihnen mehr Bedeutung zumessen. Das Lesen einer Finanzzeitschrift oder das Gespräch mit ihrem Bank- oder Steuerberater kann für Sie langfristig von großer Bedeutung sein. Nehmen Sie sich diese Zeit!

Tipps

✓ Räumen Sie Ihrer Finanzplanung mehr Zeit und Bedeutung ein

✓ Lesen Sie Finanzzeitschriften und machen Sie einen Termin mit ihrem Bankberater

Sparen

Oft höre ich, dass Frauen sich unwohl fühlen mit Finanzthemen und eine Abneigung verspüren, sich darum zu kümmern. Ich habe dafür volles Verständnis, da ich auch weniger gern ein Budget mache als mich um eine Dekoration für ein Abendessen zu kümmern. Wenn Sie also noch nicht soweit sind, über Investments nachzudenken, fangen Sie in kleinen Schritten an, indem Sie sparen.

Lassen Sie gleich einen festen Betrag von Ihrem Gehalt auf ein Sparkonto überweisen. Überlegen Sie, wie oft Sie in der Woche irgendwo einen Cappuccino trinken oder zum Mittagessen gehen. Summieren Sie diese Beträge und halten Sie sich vor Augen, was diese Ausgaben aufs Jahr gerechnet ausmachen. Gehen wir davon aus, dass Sie viermal pro Woche einen Capuccino á 2,50 € in einem Café oder in der Kantine trinken. Dies sind 10 € pro Woche, macht aufs Jahr 520 €. Es geht hier nicht um einen riesigen Betrag, aber sie können dieses Geld leicht sparen und für Investitionen nutzen, die ihnen langfristig dienlich sind. Wenn Sie in der gleichen Zeit jeden Tag einen Artikel über Finanzen oder die Aktienkurse lesen, werden Sie die Möglichkeit haben, dieses Geld mit dem erworbenen Know How gut anzulegen. Wenn Sie größere Beträge einsparen können, umso besser!

Wenn auch Sie eine begeisterte Internetshopperin sind, werden Sie die Fallen kennen, die Sie dazu verleiten, zu viel Geld auszugeben. 24 Stunden jeden Tag und nur ein Klick, dazu die Bequemlichkeit, dass alles ins Haus geliefert wird und oft noch versandkostenfrei! Dazu die einfache Bestellung auf Kreditkarte! Da hilft es nur sich selbst ein paar Regeln zu setzen: Machen Sie den Computer aus, wenn Sie Ihre Emails gecheckt oder Ihre Arbeit erledigt haben. Das wird Sie daran hindern, sofort eine Shoppingseite aufzurufen. Lesen Sie ein Buch. Es mag zwar altmodisch sein, aber wenn Sie den Computer anlassen und zur Ablenkung surfen, werden Sie schnell das nächste Kleid oder die wunderbar reduzierte Anti-Aging-Creme bestellt haben. Setzen Sie sich ein Limit, addieren Sie

Ihre Einkäufe auf und legen Sie Ihre Kreditkarte beiseite, wenn Sie Ihr Limit erreicht haben.

Tipps

- ✓ Lassen Sie direkt von Ihrem Gehalt einen Betrag auf ein Sparkonto überweisen
- ✓ Schaffen Sie sich ein Polster, indem Sie kleine Beträge zur Seite legen und diese ab einer bestimmten Summe investieren
- ✓ Setzen Sie sich ein Limit beim Internetshopping

Information

Wir alle wissen, dass jede zweite Ehe geschieden wird. Schlimmer noch, wenn Ihr Partner erwerbsunfähig wird oder gar stirbt. Dies ist der traurigste und schwierigste aller Fälle, besonders dann, wenn Sie nicht nur unvorbereitet sind sondern in die Lage geraten, dass Sie mit den Ihnen zur Verfügung stehenden finanziellen Mitteln ihren Lebensunterhalt nicht mehr bestreiten können.

Einige Frauen haben Glück und finden sich nach einer Trennung oder im Todesfall in einer guten finanziellen Lage und brauchen sich nur um die Verwaltung des Vermögens kümmern. Aber die Meisten haben eine weniger bequeme finanzielle Sicherung und müssen sich in der neuen Situation nicht nur an den Verlust des Partner gewöhnen sondern auch den Broterwerb und das Bedienen aller finanziellen Verpflichtungen übernehmen. Stellen Sie sich also die Frage, ob Sie im schlimmsten Falle in der Lage wären, die Position des Ernährers zu übernehmen. Wenn die Antwort Nein ist, wird es höchste Zeit, dass Sie den Beifahrersitz mit dem Fahrersitz tauschen!

Der Verlust eines geliebten Menschen ist traurig und kann die wohl schmerzlichste Erfahrung Ihres Lebens bedeuten. Doch auch, wenn Ihnen Mitgefühl entgegengebracht wird, kommt der Tag, an dem auch ihre Kreditgeber erwarten, dass Sie Ihren finanziellen Verpflichtungen nachkommen. Sorgen Sie also soweit es eben möglich ist vor. Machen Sie sich klar, dass im Falle einer Scheidung das Gericht entscheidet, für wie lange ihr Mann Unterhalt zu zahlen hat. Die Witwenrente beträgt 65 % der Rente Ihres Ehemanns, war Ihr Mann vorher schon einmal verheiratet, hat auch die erste Frau Anspruch auf Versorgung. Zudem sollten Sie wissen, ob Lebensversicherungen existieren und ob Ihr Name auf Grundstücke oder Immobilien eingetragen ist. Besprechen Sie diese Dinge mit ihrem Partner und legen Sie die Informationen sorgfältig ab.

Tipps

- ✓ Gibt es eine Lebensversicherung oder eine private Altersversorgung?
- ✓ Gibt es ein Bankschließfach?
- ✓ Wer ist der Steuerberater, Rechtsanwalt, Bankberater?
- ✓ In welchen Geldinstituten gibt es Konten?
- ✓ Sind Sie zeichnungsberechtigt?

Teilzeit- und Minijobs

Viele Frauen, die eine Ausbildung oder sogar ein Studium haben, finden sich nach der Geburt des Kindes in einem Teilzeit- oder Minijob wieder. Diese bieten Gelegenheit, Kontakt zur

Außenwelt zu halten, haben jedoch oft fatale Auswirkungen auf die Rente. Ganz besonders betrifft dies Minijobberinnen. In keinem europäischen Land gibt es davon so viele wie in Deutschland. Sicherlich ist ein Mini- oder Teilzeitjob eine gute Möglichkeit, in der Familienzeit einen Fuß in der Tür zu halten oder als Wiedereinstieg mit einem solchen Job zu beginnen. Sie sollten sich aber irgendwann Gedanken machen, wie Sie damit weiterkommen. Auf die Dauer wirkt sich dies negativ auf Ihre Altersversorgung aus und sie sollten versuchen, so bald als möglich wieder in einen sozialversicherungspflichtigen Job zurück zu kommen.

Reizvoll an den Minijobs ist, dass auf die € 450,00 kaum Sozialabgaben und Steuern zu zahlen sind. Grundsätzlich sind sie rentenversicherungspflichtig, aber auch davon kann man sich auf eigenen Wunsch befreien lassen, wovon ich unbedingt abraten möchte. Eine geringe Einzahlung ist besser als keine Einzahlung. Doch auch die minimale Einzahlung wird das Problem der Altersarmut von Frauen nicht wirksam bekämpfen. Zudem kann es dauerhaft nicht befriedigend sein, in einem Minijob zu stecken, wenn Ihre Ausbildung ihnen ganz andere Möglichkeiten eröffnen könnte. Bleiben Sie am Ball und geben Sie nicht auf, bei Ihrem Arbeitgeber auf ein festes Anstellungsverhältnis zu drängen oder sich auf einen festen

Job zu bewerben. Lassen Sie sich in keinem Fall von Nachrichten entmutigen, in denen es heißt, dass es aufgrund von Krisen keine Arbeitsplätze gibt. Fokussieren Sie sich darauf, dass Sie nur einen einzigen Job benötigen und diesen mit Selbstvertrauen und Hartnäckigkeit auch finden.

Ein anderes Thema ist die Krankenkasse. Falls Sie über ihren Mann versichert sind und dies eventuell in einer privaten Krankenkasse, verlieren Sie nicht aus den Augen, dass Sie im Falle einer Trennung oder dem Tod ihres Partners am ersten Tag mit dieser privaten Versicherung für sich und ihre Kinder alleine da stehen. Für mich war es daher ungeheuer wichtig, wieder in eine gesetzliche Krankenkasse zu kommen.

Vielen ist nicht bewusst, dass dies ohnehin nur bis zum 55. Lebensjahr möglich ist, danach gibt es keinen Weg mehr in die gesetzlichen Kassen. Im Alter sind die Kosten beträchtlich, da sie ja nur die 65 % Rente bekommen. Da wird die Krankenversicherung für viele der höchste Posten in den Ausgaben.

Tipps

- ✓ Nach der Geburt von Kindern oder während einer längerfristigen Familienzeit halten Sie über einen Minijob Kontakt zur Außen- und Arbeitswelt

✓ Lassen Sie sich nicht von der Rentenversicherungspflicht befreien

✓ Versuchen Sie in einen sozialversicherungspflichtigen Beruf zurückzukommen

✓ Denken Sie an Ihre Krankenkasse, sind Sie privat versichert, werden die Kosten im Alter immens

Zulagen vom Arbeitgeber

Ob und wieviel vermögenswirksame Leistungen Ihr Arbeitgeber zahlt, steht im Tarifvertrag oder in der Betriebsvereinbarung. Erkundigen Sie sich in der Personalabteilung, ob Sie Anspruch darauf haben. Eigentlich werden die Ansprüche schon während der Ausbildung gültig, nicht aber während der Probezeit.

Es gibt eine Vielzahl von Möglichkeiten und Sie sollten sich unbedingt damit beschäftigen, denn dieses Geld spart der Arbeitgeber für Sie an.

Für die Anlage der vermögenswirksamen Leistungen gibt es folgende Möglichkeiten: Bausparverträge, betriebliche Altersversorgung, Aktienfonds oder Tilgung von Baukrediten.

Vom Staat angeboten wird die Arbeitnehmer Sparzulage, die Riester-Rente und die Rürup-Rente.

Informieren Sie sich bei ihrem Bankberater, welches Modell für Sie das günstigste ist und schon kann es losgehen mit einem neuen Sparmodell!

Tipps

- ✓ Nutzen Sie die Zulagen, die Sie von Ihrem Arbeitgeber erhalten können
- ✓ Lassen Sie sich beraten, ob die staatlichen Förderungen, wie Riester- oder Rürup-Rente, für Sie günstig sind

Teil III

Beruf und Familie

Es gibt so viele verschiedene Lebensentwürfe und individuelle Entwicklungen, dass ich in diesem Teil meines Buchs nur Empfehlungen und Einschätzungen aus meiner persönlichen Sicht geben kann.

Wichtig für jede Mutter ist ein gutes Netzwerk! In den wenigsten mir bekannten Fällen ist eine Versorgung und Betreuung der Kinder noch durch die eigenen Eltern möglich. Oft sind die Wohnorte aufgrund der Arbeitsplatzsituation weit auseinander und die Folge ist, dass man sich selbst organisieren muss.

Eine gute Nachbarschaft kann dort von großer Unterstützung sein. Während der Zeit, die unsere Kinder klein waren, sind wir mehrfach umgezogen, so dass ich mit dem Aufbau der sozialen Kontakte und des Netzwerks immer wieder bei Null anfangen musste. Ich habe aber die Erfahrung gemacht, dass man recht schnell über die Freizeitaktivitäten der Kinder neue Kontakte bekommt, schnell Fahrgemeinschaften bildet und die Bring- und Abholdienste zu Kindergarten oder Grundschule teilt. Kitas und die Übermittagsbetreuung an Schulen gab es noch gar nicht, so habe ich die Kinder während der ersten Jahre immer gegen 12.00 oder 13.00 Uhr selbstorganisiert abgeholt. Heute ist das Angebot schon deutlich besser, jedoch fehlen immer noch Kitas, die durch großzügigere Öffnungszeiten den Alltag der jungen Eltern erleichtern könnten. Nur die wenigsten Einrichtungen haben ganzjährig geöffnet oder bieten tägliche Betreuungszeiten von 06.30 – 19.00 Uhr an, diese wären wohl der Wunschtraum vieler Eltern und würden den Alltag erheblich entspannen.

Ich habe eine Kita, die dieses Angebot hat, beobachtet. Sie hat nicht nur eine lange Warteliste sondern sehr zufriedene Eltern und die Befürchtung, dass Eltern Ihre Kinder „abschieben ", hat sich in keiner Weise bewahrheitet. Die Eltern sind sehr dankbar für mehr Flexibilität und nutzen das Angebot nicht aus, sondern nur, wie es der Beruf erfordert.

Seien Sie nicht bescheiden und fordern Sie auch Ihren Partner. Gerne überlassen die Männer alle Angelegenheiten, die die Kinder angehen, den Müttern. Es gibt aber durchaus Aufgaben, die die Männer übernehmen können, selbst wenn Sie im Beruf stark eingebunden sind. So waren für meinen Mann Besuche beim Elternsprechtag ein fester Bestandteil seines Terminkalenders. Ich schicke ihm auch heute noch eine Outlook Einladung oder bitte seine Sekretärin, den Termin einzutragen, um sicher zu gehen, dass er da sein kann. Wir teilen uns die Besuche bei den Lehrern auf und haben es uns zur Gewohnheit gemacht, die Lehrer zu fragen, ob es in Ordnung ist, wenn wir außerhalb der Sprechzeiten über das nächste Halbjahr hin und wieder per Email Kontakt halten und nachfragen, wie der Leistungsstand unserer Kinder ist. Diese Aufgabe können Sie dann gut und gerne ihrem Partner übertragen. Denn Emails an Lehrer sollten schon einmal als Beteiligung an der Erziehung drin sein. Ich bin darüber hinaus sehr dankbar, dass auf diese Art und Weise mein Mann über die schulische Situation informiert ist. Zu Hause haben wir in Outlook einen Ordner „Schule " angelegt, den wir noch weiter untergliedern nach Fächern oder sonstigen Informationen der Schule. Somit hat man immer Zugriff auf den ganzen Schriftverkehr und die Vorgänge in den einzelnen Fächern. Zudem haben wir uns bei Trainings- und Sportveranstaltungen darauf verständigt, dass ich die Kinder in der Woche zu Training und Musikunterricht gefahren habe. Bei Veranstaltungen am Wochenende hat mein Mann das übernommen.

Tipps

- ✓ Schaffen Sie sich ein Netzwerk
- ✓ Gute Nachbarschaft kann hilfreich sein

- ✓ Suchen Sie sich Unterstützung und Betreuungsmöglichkeiten für Ihre Kinder
- ✓ Beziehen Sie Ihren Partner mit ein in die Erziehung, Lehrergespräche und Sportveranstaltungen, selbst wenn Sie zu Hause sind

Familienzeit

Sollten Sie sich für eine längere Auszeit entscheiden, um in den ersten Jahren bei Ihren Kindern zu sein, genießen Sie es, in dieser Zeit Bindung zu Ihren Kindern aufzubauen.

Versuchen Sie aber, technisch im Bereich der Büroorganisation am Ball zu bleiben. Besuchen Sie Kurse zu Textverarbeitung, Excel, Power Point oder Photoshop. Das sind zwingende Grundlagen, die man nicht vernachlässigen sollte, wenn man zurück in den Beruf will. Zudem versuchen Sie, in Ihrem beruflichen Feld informiert zu sein. Abonnieren Sie Fachzeitschriften oder besuchen Sie Weiterbildungsseminare. Viele Universitäten bieten Online Seminare an, mit denen Sie sich weiter qualifizieren. Auch ein Ehrenamt kann hilfreich sein. Sie kommen aus dem Haus und bleiben in Kontakt mit anderen Menschen, die Ihnen eventuell neue Perspektiven geben oder dienlich sein können, wenn Sie wieder in den Beruf einsteigen möchten. Vielleicht erarbeiten Sie sich dort eine neues Kompetenzfeld, welches Sie für einen zukünftigen Arbeitsplatz spezialisiert.

Tipps

- ✓ Bleiben Sie technisch am Ball
- ✓ Machen Sie berufliche Weiterbildungen oder Online Seminare. Auch ein Ehrenamt kann Ihnen neue Perspektiven eröffnen

Superweib

Sie putzt das Haus, sie wäscht das Auto, sie liest ihren Kindern vor, sie bringt den Hund zum Tierarzt, sie kümmert sich um ihre Mutter, sie kocht, sie joggt jeden Tag, sie läuft einen Marathon, sie managed ihre Mitarbeiter, sie managed ihre Ehe und sie managed den Haushalt und organisiert Dinner.

Nein, tut sie nicht!

Wir alle denken, wir müssen das alles tun und können. Und viele von uns machen eine ganze Menge davon, aber das Superweib, das alles macht und dann noch top gestylt aus dem Haus geht, habe ich bis heute nicht getroffen. Irgendetwas kommt zu kurz, und dieses etwas sind wir selbst. Wenn Sie alles für Andere geben, haben Sie wenig Zeit für sich selbst!

Gerade hat die vorherige Generation von Frauen gelernt, dass nicht alles auf einmal geht und wir beginnen, unsere Grenzen zu akzeptieren und realistisch zu sehen.

Es ist nichts Schlechtes daran, sich auf den momentanen Augenblick im Leben zu konzentrieren. Vielleicht sind Sie Single oder verheiratet und kinderlos und Sie wollen Karriere machen. Vielleicht haben Sie aber auch entschieden, aufgrund der Kinder für einige Jahre eine berufliche Auszeit zu nehmen. Dies ist Ihre persönliche Entscheidung!

Viele Frauen entscheiden sich für Familie, was bedeutet, dass Sie sich zu der Zeit aus dem vorgezeichneten Karriereweg zurückziehen. Sie haben die Wahl: Chefin oder Mama. Beides zugleich geht nicht!

Aber es ist nicht ausgeschlossen, dass Sie beide Ziele trotzdem erreichen. Ich kenne viele erfolgreiche Frauen, die viel Zeit und Energie in die Erziehung ihrer Kinder gesteckt haben und dann nach einigen Jahren wieder mit Kraft in den Beruf zurückkehrten, motivierter und erfolgreicher denn je!

In anderen Worten: Sie können alles haben, nur nicht auf einmal!

Meine Erfahrung

Ein Blick auf mein Leben:

Als ich jung war, hatte ich einen wundervollen Job. Als Hotelfachfrau und Betriebswirtin war ich bei einer Feinkostfirma in München für große Events wie die BAMBI-Verleihung, Ball des Sports und den Frankfurter Opernball zuständig. Darüber hinaus bekam ich die Verantwortung für den Aufbau des Lizenzgeschäft mit einem japanischen Warenhauskonzern. Dort werden in Lizenz Feinkost- Geschenkartikel und typisch deutsche Produkte wie Wurst und Fleischwaren verkauft. Heute gibt es 15 Standorte. Für diese tolle Tätigkeit war ich oft in Tokio. Als ich meinen Mann kennenlernte, dauerte es nur ein Jahr und wir gingen für seinen neuen Job nach Pretoria, Südafrika. Unser erster Sohn war zu dem Zeitpunkt 3 Monate alt, unser zweiter Sohn wurde ein Jahr später geboren. In erster

Linie kümmerte ich mich zu der Zeit um die Familie, eine Arbeitsgenehmigung hätte es sowieso nicht für mich gegeben. Über einen internationalen Frauenkreis in Johannesburg bekam ich Kontakt zu einem Aids-Waisen-Kinderhaus, wo ich das Fundraising ehrenamtlich führte. Nach dem vierjährigen Aufenthalt in Südafrika wurde mein Mann von seiner Firma nach Deutschland versetzt, aber zu meiner großen Leidwesen nicht nach München, wo mein Job auf mich gewartet hätte, sondern in die Mitte Deutschlands in ein ländlichen Gebiet. In meinem beruflichen Feld eine Diaspora. So habe ich mich ehrenamtlich politisch engagiert, wurde Orts- und stellvertretende Kreisvorsitzeden und habe für Landtag und Bundestag kandidiert. Zudem war ich 9 Jahre lang Geschäftsführerin des Innovativkreises NRW liberal. Die politische Tätigkeit war gut zu kombinieren mit unseren damals noch sehr kleinen Kindern. Die meisten Veranstaltungen waren am Abend oder an den Wochenenden. Es vergingen 10 Jahre, die ich nicht Vollzeit berufstätig war, aber die gesammelten Erfahrungen haben mich zudem gemacht, was ich heute bin.

Tatsache ist, dass die Erfahrungen in der Kindererziehung ein perfektes Training fürs Business sind. An dem Gedanken, dass eine Familie ein kleines Unternehmen ist, stimmt alles! Wenn Sie sich mit fünf Kindern ins Auto setzten und jedes Kind einen Fensterplatz möchte, brauchen Sie Geduld und

Überredungskunst, um eine Lösung zu finden. Sie suchen eine Reinigungskraft für zu Hause: dies bedeutet Training für Personaleinstellung. Sie suchen Jemanden, der Ihre Kinder betreut: dies bedeutet die Fähigkeit zu delegieren. Sie kaufen ein und haben das Familienbudget im Auge: dies bedeutet Training der finanziellen Verantwortung. Sie verhandeln nach einem Auffahrunfall mit der Versicherung: dies bedeutet Training Ihres Verhandlungsgeschicks. Sie arrangieren ein Abendessen zu Hause für 12 Personen an nur einem Nachmittag, weil Ihr Mann kurzfristig ankündigt, dass er Geschäftsbesuch mitbringt: das benötigt mehr Organisation als ich es in vielen Fällen in meinem Beruf nötig hatte.

Die Gesellschaft hat sich so sehr auf das Ansehen von beruflichem Erfolg fokussiert, dass all diese Dinge wenig Anerkennung finden, aber eine Menge Talent und Einsatz fordern! Seien Sie stolz auf Ihren Einsatz als Mutter und Hausfrau und denken Sie nicht, Sie müssten alles auf einmal tun. Wenn Sie das wollen, werden Sie irgendwo scheitern. Viel besser und lebenswerter ist es, wenn Sie das Leben wie Jahreszeiten sehen. Das Leben ändert sich stetig und wenn Sie am Ball bleiben, werden Sie die Chance auf eine zweite Karriere haben!

Es gibt einfach Zeiten, in denen Sie den Beruf nicht an erster Stelle haben. Vielleicht wollen Sie sich um Ihre Kinder kümmern, vielleicht haben Sie sich verliebt und ziehen um oder Sie benötigen mehr Zeit, um Ihre Eltern zu versorgen. Sie wollen also einfach raus aus dem Beruf. Genauso wird sich das Blatt aber auch wieder wenden und dann sollten Sie Ihre Energie auch für sich selbst einsetzen und Kontakt zu Headhunter aufnehmen oder die Stellenanzeigen durchforsten. Genauso sollten Sie sich aber auch in Bewegung setzen, wenn Sie schon lange in ihrem Job sind und er Ihnen keine Zufriedenheit mehr bringt. Gerade Frauen sitzen oft zu lange auf einem Job aus Loyalität, obwohl sie seit Jahren keine Gehaltserhöhung mehr erhalten haben oder die nächste Beförderung auf sich warten lässt. Auch hier gilt: werden Sie aktiv bevor Sie jeden Morgen und Abend mit schlechten Gefühlen zur Arbeit fahren. Der Einsatz ist es wert, einen neuen Job zu suche, in dem man Ihre Fähigkeiten schätzt, sie besser bezahlt und Sie sich wohl fühlen. Viele Frauen streben nach einer Selbstständigkeit, die Ihnen mehr zeitliche Flexibilität ermöglicht. Wenn Sie für sich in Ihrem Arbeitsfeld dazu eine Möglichkeit haben, nur zu! Aber seien Sie vorsichtig mit dem Gedanken, Ihren derzeitigen Job sofort zu kündigen. Überlegen Sie sich, ob es nicht für eine Weile sinnvoller ist, die Selbstständigkeit nebenbei aufzubauen und das feste Gehalt als Sicherheit weiter zu beziehen. Dies mag anstrengend sein, aber Sie haben dabei Gelegenheit zu erfahren, ob die Selbstständigkeit der richtige Weg für Sie ist.

Zeitfracht Medien GmbH
Ferdinand-Jühlke-Straße 7
99095 Erfurt, Deutschland
produktsicherheit@kolibri360.de